Impressum
Verlag: BABADADA GmbH, Nedderfeld 112 , 22529 Hamburg
Geschäftsführer / Verlagsleitung: Harald Hof
Druck: Books on Demand GmbH, In de Tarpen 42, 22848 Norderstedt

Imprint
Publisher: BABADADA GmbH, Nedderfeld 112 , 22529 Hamburg, Germany
Managing Director / Publishing direction: Harald Hof
Print: Books on Demand GmbH, In de Tarpen 42, 22848 Norderstedt, Germany

学校

المدرسة

教室
القسم
割り算
يقسم
186/2
黒板
اللوح
教師
المعلّم
紙
ورقة
書く
يكتب
ペン
القلم
事務机
طاولة المكتب
定規
المسطرة
本
الكتاب
生徒
التلميذ

ランドセル

الحقيبة المدرسية

筆入れ

المقلمة

鉛筆

قلم الرصاص

鉛筆削り

البرّاية

消しゴム

المِمحاة

スケッチブック

دفتر الرسم

2

スケッチ

الرسمة

絵筆

الفرشاة

絵の具箱

علبة التلوين

はさみ

المقص

接着剤

المادة اللاصقة

練習帳

دفتر التمارين

宿題

الواجب المدرسي

12

数

الرقم

2+2

足し算

يجمع

5-2

引き算

يطرح

2×2

かけ算

يضرب

計算する

يحسب

A

文字

الحرف

ABCDEFG
HIJKLMN
OPQRSTU
VWXYZ

アルファベット

الأبجدية

hello

単語

كلمة

テキスト

النص

読む

يقرأ

チョーク

الطبشور

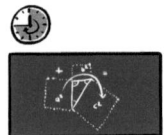

授業

الحصة

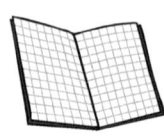

学級日誌

دفتر الدوام المدرسي

試験

الامتحان

通知表

شهادة

制服

اللباس المدرسي

教育

التعليم

百科事典

الموسوعة

大学

الجامعة

顕微鏡

المِجهر

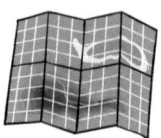

地図

الخريطة

ごみ箱

قماما

ホテル
فندق
ホステル
بيت الشباب
両替所
مكتب صرافة
スーツケース
حقيبة
自動車
سيارة

言語

اللغة

はい / いいえ

نعم / لا

問題ない

حسناً

ハロー

مرحباً

翻訳者

مترجم

ありがとう

شكراً

...はいくらですか？

كم ثمن ... ؟

わかりません

لا أفهم

問題

مشكلة

こんばんは！

مساء الخير

おはようございます！

صباح الخير!

おやすみなさい！

ليلة سعيدة

さようなら

إلى اللقاء

方向

اتجاه

手荷物

أمتعة السفر

バッグ

حقيبة

リュックサック

حقيبة ظهر

お客様

ضيف

部屋

غرفة

寝袋

كيس للنوم

テント

خيمة

旅行者情報

استعلامات سياحية

ビーチ

شاطئ

クレジットカード

بطاقة ائتمان

朝食

إفطار

昼食

طعام الغداء

夕食

العشاء

チケット

بطاقة سفر

エレベーター

مصعد

スタンプ

طابع بريدي

境界

حدود

税関

الجمارك

大使館

سفارة

ビザ

تأشيرة

パスポート

جواز سفر

輸送

نقل

飛行機
طائرة
船
سفينة
消防車
سيارة إطفاء
バス
حافلة
トラック
سيارة شاحنة
モーターボート
زورق آلي
自転車
درّاجة
自動車
سيارة

フェリー

عبارة

ボート

قارب

バイク

دراجة نارية

パトカー

سيارة شرطة

レーシングカー

سيارة سباق

レンタカー

سيارة مستأجرة

カーシェアリング

أسلوب تشاركي في استئجار السيارات

レッカー車

سيارة للجر

ごみ収集車

سيارة نقل القمامة

モーター

محرك

燃料

وقود

ガソリンスタンド

محطة وقود

交通標識

إشارة مرور

交通

حركة السير

渋滞

ازدحام سير

駐車場

موقف سيارات

駅

محطة قطار

道

سكك حديدية

列車

قطار

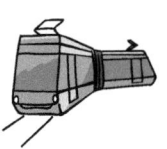

路面電車

ترام

車両

عربة قطار

ヘリコプター

طائرة مروحية

空港

مطار

タワー

برج

乗客

مسافر

コンテナ

حاوية

段ボール箱

علبة كرتون

カート

عربة يد

カゴ

سلة

離陸 / 着陸

يقلع / يهبط

都市
مدينة

村

قرية

都心

مركز المدينة

家

بيت

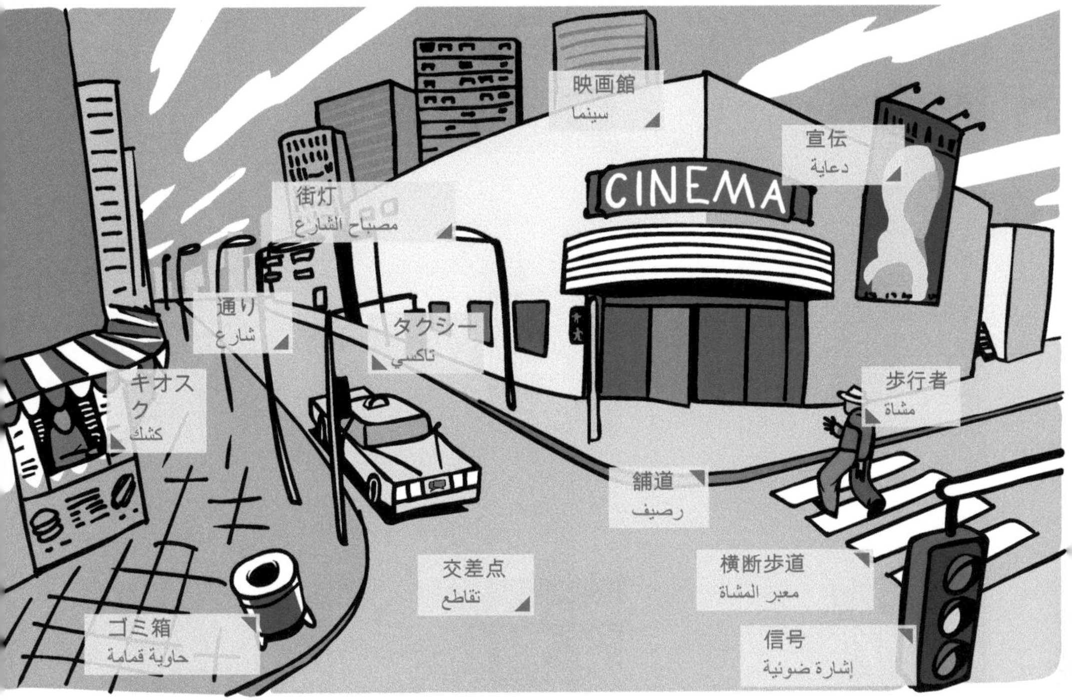
映画館
سينما
宣伝
دعاية
CINEMA
街灯
مصباح الشارع
通り
شارع
タクシー
تاكسي
キオスク
كشك
歩行者
مشاة
舗道
رصيف
交差点
تقاطع
横断歩道
معبر المشاة
ゴミ箱
حاوية قمامة
信号
إشارة ضوئية

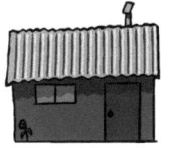

小屋

كوخ

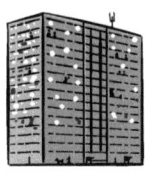

アパート

شقة

駅

محطة قطار

市役所

دار البلدية

MUSEUM

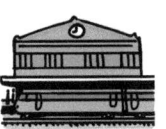

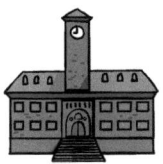

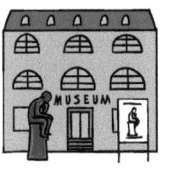

美術館

متحف

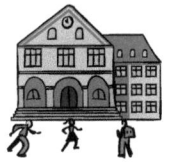

学校

المدرسة

大学
الجامعة

銀行
مصرف

病院
المستشفى

ホテル
فندق

薬局
صيدلية

オフィス
مكتب

書店
مكتبة

ショップ
متجر

花屋
محل لبيع الزهور

スーパーマーケット
سوبرماركت

市場
سوق

デパート
متجر كبير

魚屋
تاجر السمك

ショッピングセンター
مركز تسوّق

港
ميناء

公園

حديقة عامة

ベンチ

مقعد

橋

جسر

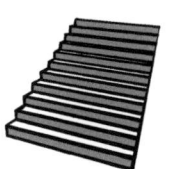

階段

درج، سلم

地下鉄

مترو

トンネル

نفق

バス停

موقف حافلات

バー

بار

レストラン

مطعم

ポスト

صندوق البريد

道路標識

لافتة باسم الشارع

パーキングメーター

مقياس زمن الوقوف

動物園

حديقة حيوانات

スイミングプール

مسبح

モスク

مسجد

農場

مزرعة

汚染

تلوث البيئة

墓地

مقبرة

教会

كنيسة

遊び場

ملعب الأطفال

寺

معبد

風景

طبيعة ريفية

葉
ورقة

道標
علامة إرشاد

道
طريق

草地
مرج

石
حجر

木
شجرة

ハイカー
رحالة

川
نهر

草
عشب

花
زهرة

谷

وادٍ

山

جبل

湖

بحيرة

森

غابة

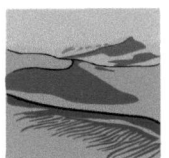

砂漠

صحراء

火山

بركان

城

قلعة

虹

قوس قزح

キノコ

فِطر

ヤシの木

نخلة

蚊

بعوض

ハエ

ذبّانة

蟻

نملة

ミツバチ

نحلة

クモ

عنكبوت

カブトムシ

خنفساء

蛙

ضفدعة

リス

سنجاب

ハリネズミ

قنفذ

ウサギ

أرنب

フクロウ

بومة

鳥

عصفور

白鳥

بجعة

雄豚

خنزير برّي

鹿

غزال

ヘラジカ

إلكة

ダム

سد

風力タービン

دولاب الطاحونة الهوائية

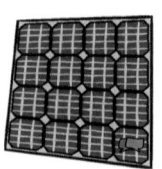

ソーラーパネル

خلية شمسية

気候

مناخ

レストラン
مطعم

ウェイター
نادل
メニュー
لائحة الطعام
椅子
كرسي
حساء
ピザ
بيتزا
刃物類
أدوات المائدة
テーブルクロス
غطاء المائدة

前菜

مقبلات

メインコース

الصحن الرئيسي

デザート

حلوى أو فاكهة بعد الطعام

飲み物

مشروبات

食べ物

طعام

ボトル

زجاجة

ファストフード

وجبات سريعة

屋台の食べ物

طعام الشارع

ティーポット

إبريق الشاي

砂糖入れ

علبة السكر

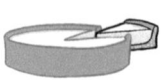

一人前

حصّة

エスプレッソマシン

آلة الإسبريسو

幼児用食事椅子

كرسي عالٍ

請求書

فاتورة

トレー

صينية

ナイフ

سكين

フォーク

شوكة

スプーン

ملعقة

ティースプーン

ملعقة الشاي

ナプキン

منديل المائدة

グラス

كأس

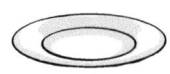

皿

صحن

スープ皿

صحن الحساء

受け皿

صحن الفنجان

ソース

صلصة

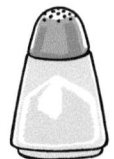

塩入れ

مملحة

ペッパーミル

مطحنة الفلفل

酢

خلّ

油

زيت الطعام

スパイス

توابل

ケチャップ

كتشاب

マスタード

خردل

マヨネーズ

مايونيز

スーパーマーケット

سوبرماركت

特価品
عرض خاص
顧客
زبون
乳製品
مشتقات الحليب
ショッピング・カート

肉屋

جزّار

パン屋

مخبز

重さをはかる

يزن

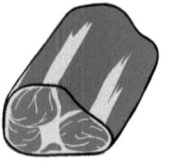

野菜

خضار

肉

لحم

冷凍食品

المأكولات المجمّدة

冷肉の薄切り

مرتدلا أو جبن

缶詰食品

معلّبات

洗剤

مسحوق الغسيل

菓子

حلويات

家庭用品

المواد المنزلية

清掃用品

منظّفات

販売員

بائعة

現金箱

صندوق الحساب

レジ係

أمين صندوق

買い物リスト

قائمة المشتريات

開館時刻

أوقات العمل

財布

محفظة النقود

クレジットカード

بطاقة ائتمان

バッグ

حقيبة

ポリ袋

كيس بلاستيكي

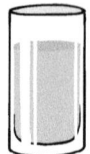

飲み物

مشروبات

水

ماء

ジュース

عصير

牛乳

حليب

コーラ

كولا

ワイン

نبيذ

ビール

بيرة

アルコール

كحول

ココア

كاكاو

紅茶

شاي

コーヒー

قهوة

エスプレッソ

قهوة إسبريسو

カプチーノ

كابوتشينو

食べ物

طعام

バナナ

موزة

リンゴ

تفاح

オレンジ

برتقال

メロン

بطيخ

レモン

ليمون

ニンジン

جزرة

ニンニク

ثوم

竹

خيزران

玉ねぎ

بصل

キノコ

فِطر

ナッツ

لوزيات

ヌードル

شعيرية

スパゲッティ

سباغيتي

米

أرزّ

サラダ

سلطة

フライドポテト

بطاطا مقلية

フライドポテト

بطاطا مقلية

ピザ

بيتزا

ハンバーガー

هامبورغر

サンドウィッチ

ساندويش

カツレツ

شريحة لحم مقلية

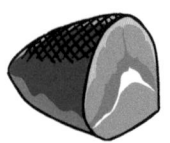

ハム

لحم خنزير

サラミ

سلامي

ソーセージ

سجق

鶏肉

دجاج

焼き

لحم محمر

魚

سمك

麦のお粥

دقيق الشوفان

ムーズリ

موسلي

コーンフレーク

كورن فلكس

小麦粉

طحين

クロワッサン

كرواسان

ロールパン

خبز صغير

パン

خبز

トースト

خبز محمص

ビスケット

بسكويت

バター

زبدة

カッテージチーズ

لبن زبادي

ケーキ

كعكة

卵

بيضة

目玉焼き

بيض مقلي

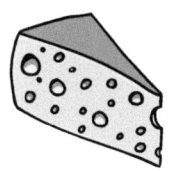

チーズ

جبنة

アイスクリーム

مثلجات

砂糖

سكر

はちみつ

عسل

ジャム

مربّى الفاكهة

ヌガークリーム

كريم النوغا

カレー

الكاري

農場

مزرعة

بيت الفلاح
納屋
مخزن غلال
ストローベール
رزمة من التبن
畑
حقل
馬
حصان
トレーラー
مقطورة
子馬
مهر
トラクター
جرار
ロバ
حمار
羊
خروف
子羊
خروف

ヤギ

ماعز

雌牛

بقرة

子牛

عجل

豚

خنزير

子豚

خنزير صغير

雄牛

ثور

ガチョウ

إوزّة

アヒル

بطة

ひよこ

صوص

にわとり

دجاجة

おんどり

ديك

ネズミ

جرذ

猫

قطة

ねずみ

فأر

雄牛

ثور

犬

كلب

犬小屋

كوخ الكلب

散水ホース

خرطوم الحديقة

じょうろ

إبريق

大鎌

منجل

すき

المحراث

草刈り鎌

منجل

くわ

معزقة

堆肥用フォーク

مذراة الزبل

斧

بلطة

手押し車

عربة يد

かいばおけ

معلف

牛乳缶

صفيحة الحليب

袋

كيس

フェンス

سياج

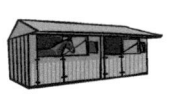

畜舎

اصطبل

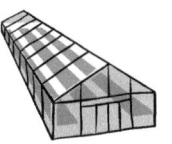

温室

دفيئة

土壌

تربة

種

بذور

肥料

سماد

コンバイン

حصّادة درّاسة

収穫する

يحصد

収穫

محصول

ヤマイモ

بطاطا يامس

小麦

قمح

大豆

صويا

じゃがいも

بطاطا

トウモロコシ

ذرة

菜種

سلجم

果樹

شجرة فاكهة

キャッサバ

نبات منيهوت

穀物

الحبوب

煙突
مدخنة

屋根
سقف

排水管
مزراب

窓
نافذة

車庫
مرآب

呼び鈴
جرس الباب

ドア
باب

ゴミ箱
قمامة

郵便受け
صندوق البريد

庭
حديقة

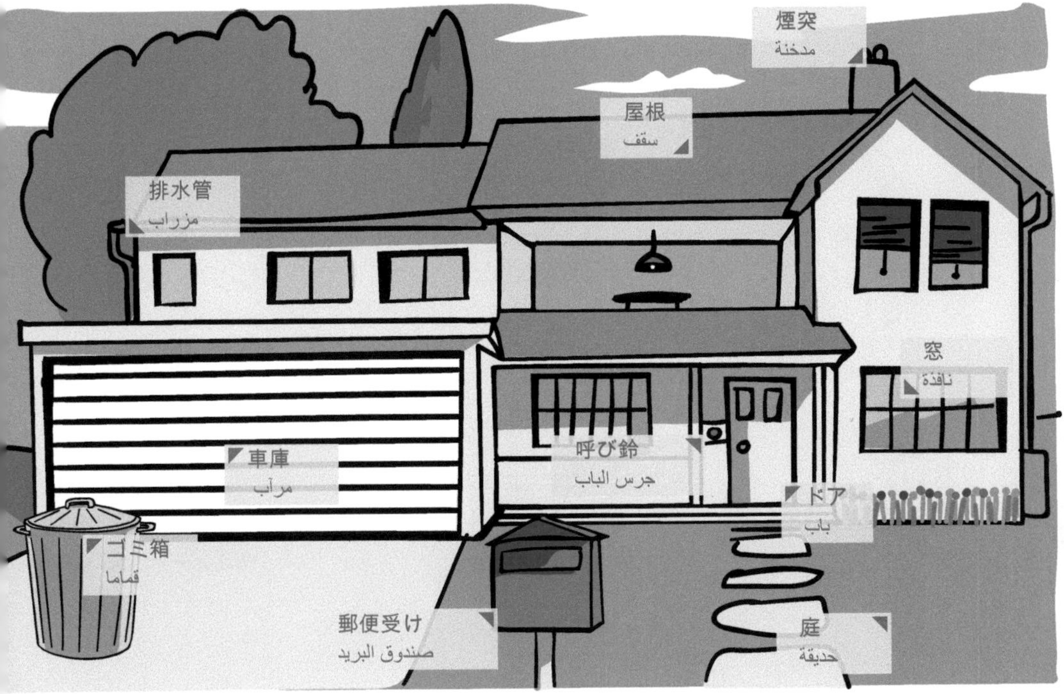

リビングルーム

غرفة جلوس

浴室

الحمّام

台所

مطبخ

寝室

غرفة النوم

子供部屋

غرفة الأطفال

ダイニング・ルーム

غرفة الطعام

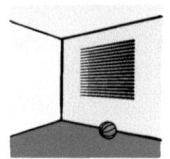

床

أرضية

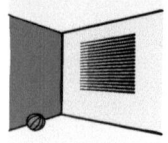

壁

حائط

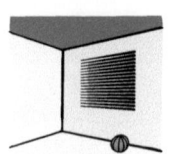

天井

سقف

地下貯蔵庫

قبو

サウナ

ساونا

バルコニー

بلكون

テラス

شرفة

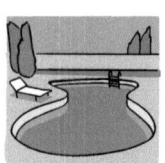

プール

مسبح

芝刈り機

جزّازة العشب

シーツ

بياضات السرير

ベッドカバー

بطانية

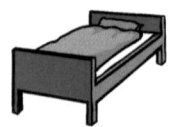

ベッド

سرير

ほうき

مكنسة

バケツ

سطل

スイッチ

مفتاح كهربائي

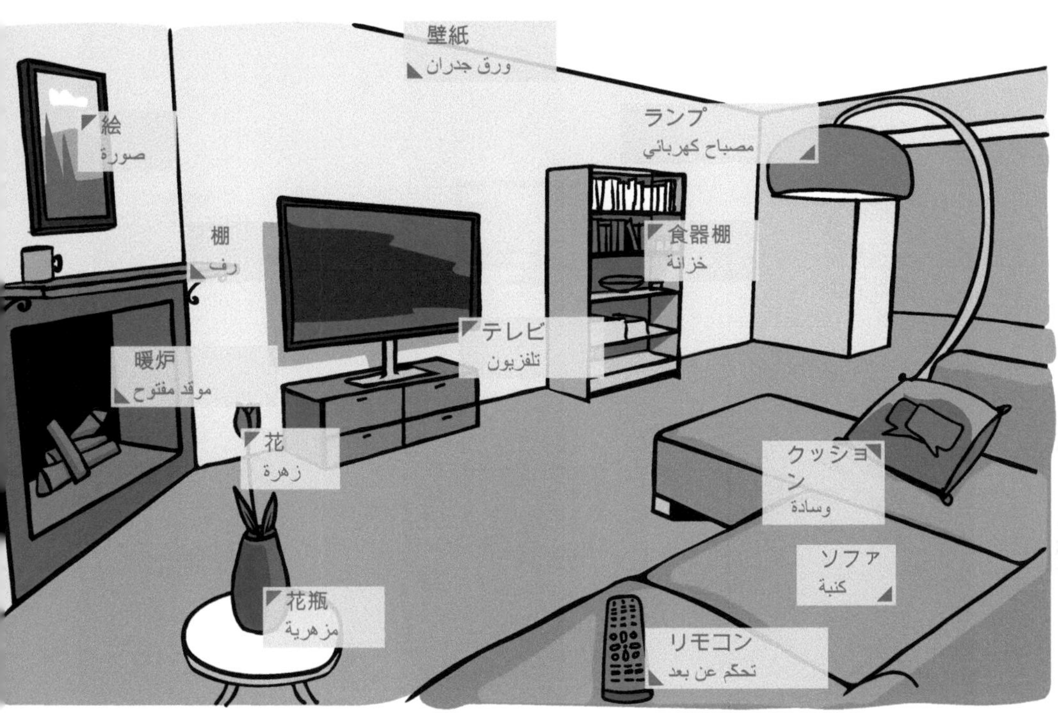

リビングルーム
غرفة جلوس

壁紙
ورق جدران
絵
صورة
مصباح كهربائي
棚
رف
食器棚
خزانة
テレビ
تلفزيون
暖炉
موقد مفتوح
花
زهرة
クッション
وسادة
ソファ
كنبة
花瓶
مزهرية
リモコン
تحكم عن بعد

カーペット

بصاط

カーテン

ستارة

テーブル

طاولة

椅子

كرسي

ロッキングチェア

كرسي هزّاز

ひじ掛け椅子

كرسي ذو ذراعين

本
الكتاب

毛布
بطانية

飾り
زخرفة

たきぎ
الحطب

映画
فيلم

ステレオ
تجهيزات ستيريو

鍵
مفتاح

新聞
جريدة

絵画
لوحة مرسومة

ポスター
مُلصق

ラジオ
راديو

メモ帳
دفتر ملاحظات

掃除機
المكنسة الكهربائية

サボテン
صبّار

ろうそく
شمعة

台所
مطبخ

冷蔵庫
برّاد
電子レンジ
ميكروويف
調理用はかり
ميزان المطبخ
トースター
محمصة الخبز
洗剤
منظفات
オーブン
فرن
冷凍室
ثلاجة
ゴミ箱
食器洗い機
جَلاية

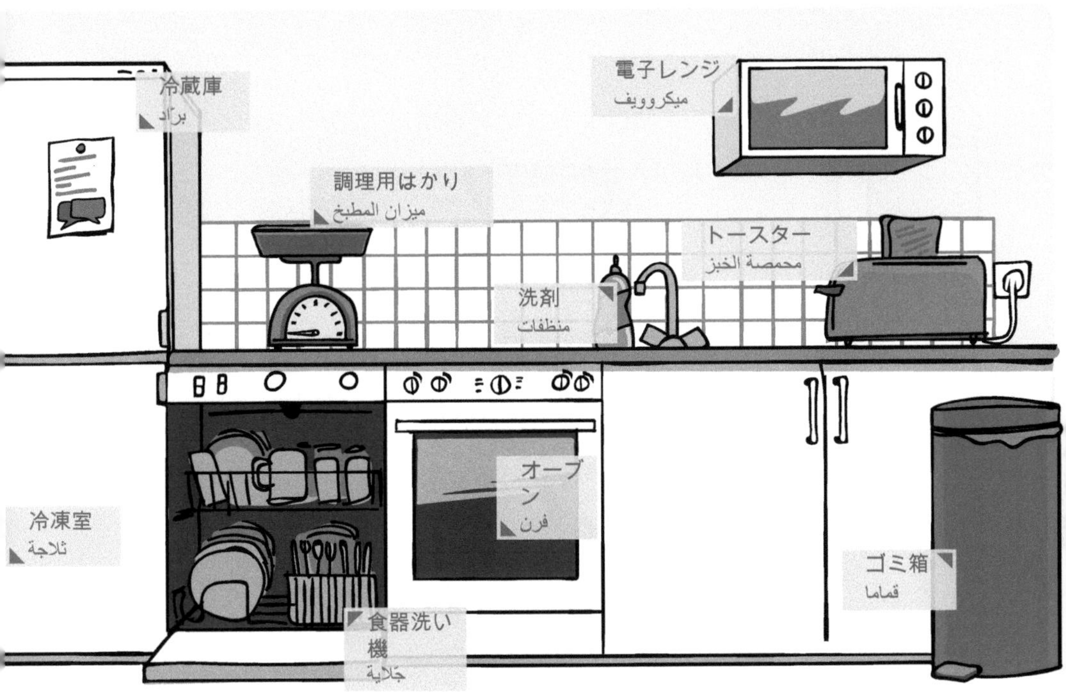

こんろ
موقد

鍋
قِدر

鉄鍋
وعاء من الحديد

中華鍋/ カダイ鍋
قدر صيني

フライパン
مقلاة

やかん
غلاية

台所 - مطبخ

蒸し器

قدر البخار

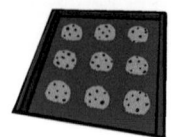

天板

صينية

食器

أواني

マグカップ

فنجان

ボウル

صحن

箸

عيدان الأكل

おたま

مغرفة

へら

ملعقة منبسطة

泡立て器

خفّاقة

こし器

مصفاة

ふるい

مصفاة

すりおろし器

مِبشرة

すり鉢

هاون

バーベキュー

شواء

かまど

موقد

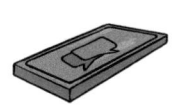

まな板

لوح التقطيع

麺棒

نشّابة

栓抜き

مفتاح الزجاجات

缶

علبة

缶切り

مفتاح العلب المعدنية

鍋つかみ

قماش الفرن

流し

مجلى

ブラシ

فرشاة

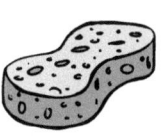

スポンジ

إسفنج

ミキサー

خلاط

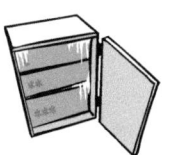

冷凍庫

مجمّدة

哺乳瓶

زجاجة الطفل

蛇口

صنبور الماء

浴室
الحمّام

ヒーター
تدفئة
タオル
منشفة
シャワー
دوش
シャワーカーテン
ستارة الدوش
泡風呂
حمام رغوة
洗濯機
غسّالة
タイル
بلاط
蛇口
صنبور الماء
グラス
كأس
おまる
قفازات مطاطية
流し
مجلى

トイレ
حمام

和式トイレ
مرحاض القرفصاء

ビデ
حوض التشطيف

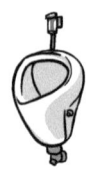

小便器
مبولة

トイレットペーパー
ورق المرحاض

トイレブラシ
فرشاة الحمام

歯ブラシ

فرشاة الأسنان

歯みがき

معجون الأسنان

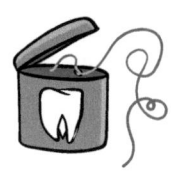

デンタルフロス

خيط حرير لتنظيف الأسنان

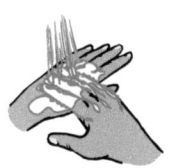

洗う

يغسل

シャワーヘッド

رشاش ماء يدوي

ハンドビデ

شطاف

洗面台

حوض الغسيل

ボディブラシ

فرشاة الظهر

石鹸

صابون

シャワー用ジェル

جيل الدوش

シャンプー

شامبو

浴用タオル

ممسحة

排水口

مصرف للماء

クリーム

مرهم

消臭

مزيل الروائح

鏡

مرآة

手鏡

مرآة يد

かみそり

موس حلاقة

シェービング・フォーム

رغوة الحلاقة

アフターシェーブローショ
ン

كولونيا

櫛

مشط

ブラシ

فرشاة

ドライヤー

سشوار

ヘアスプレー

مثبت للشعر

化粧

ماكياج

口紅

روج

マニキュア

طلاء أظافر

脱脂綿

قطن

爪切り

مقص أظافر

香水

عطر

洗面用具入れ

سلة الغسيل

スツール

مقعد صغير

体重計

ميزان

バスローブ

معطف الحمام

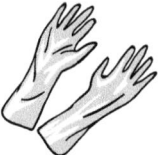

ゴム手袋

قفازات مطاطية

タンポン

سدادة قطنية

生理用ナプキン

منشفة صحية

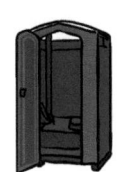

ケミカルトイレ

تواليت كيميائية

子供部屋

غرفة الأطفال

目覚まし時計
منبه
ぬいぐるみ
الحيوانات المحنطة
おもちゃの自動車
سيارة لعبة
خشخشة
ドール・ハウス
بيت الدمى
プレゼント
هدية

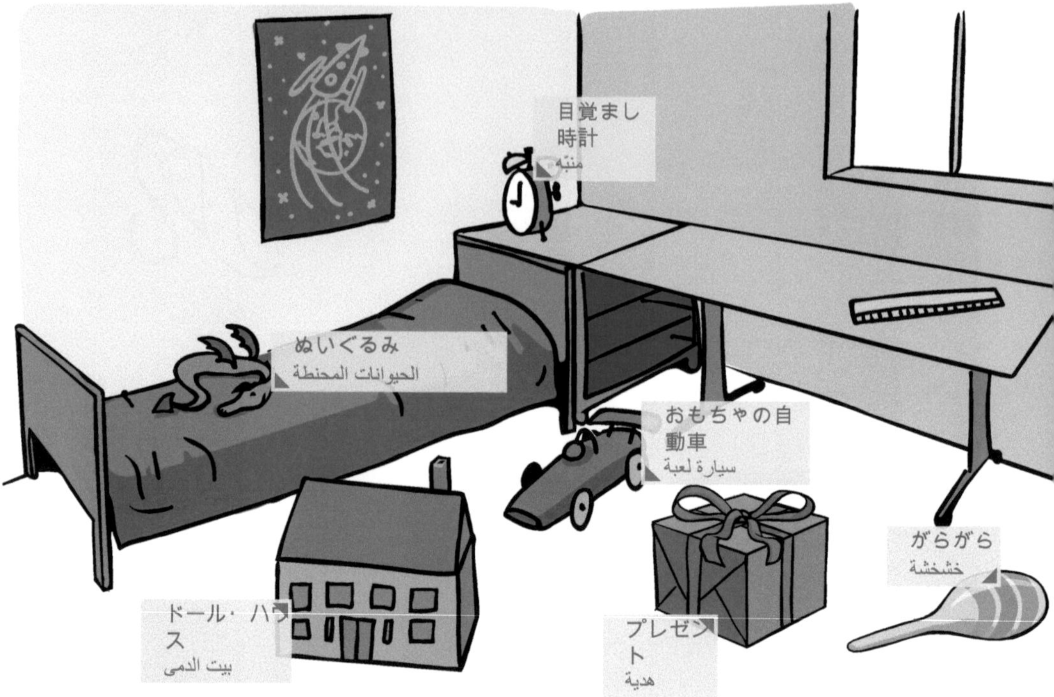

風船

بالون

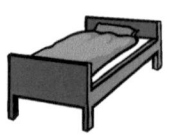

ベッド

سرير

ベビーカー

عربة الأطفال

カードゲーム

لعبة الورق

ジグソーパズル

أحجية

漫画

رسوم هزلية

レゴ

أحجار الليغو

玩具ブロック

حجارة تركيب

アクションフィギュア

دمية بطل

ロンパース

لباس الطفل

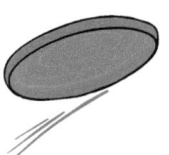

フリスビー

فريسبي

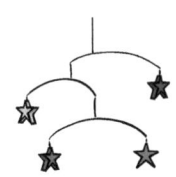

モバイル

دمية معلقة

ボードゲーム

لعبة الطاولة

さいころ

لعبة النرد

鉄道模型

لعبة قطار

おしゃぶり

مصّاصة

パーティー

حفلة

絵本

كتاب مصوّر

ボール

كرة

人形

دمية

遊ぶ

يلعب

砂場

ملعب رملي للأطفال

ブランコ

أرجوحة

おもちゃ

لعبة

ゲーム機

ألعاب فيديو

三輪車

دراجة ثلاثية

テディベア

دمية على شكل الدب

衣装ダンス

خزانة الثياب

衣服

ثياب

靴下

جوارب قصيرة

ストッキング

جوارب طويلة

タイツ

جورب بنطلون

スカーフ
شال

ベルト
حزام

雨傘
شمسية

Tシャツ
تي شيرت

スニーカー
أحذية رياضية

ブーツ
حذاء شتوي

スリッパ
شبشب

サンダル
صندل

靴
حذاء

ゴム長靴
جزمة كاوتشوك

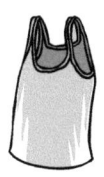

パンツ
سروال داخلي

ブラ
صدارة

ベスト
قميص داخلي

ボディースーツ

لباس ملاصق للجسم

ズボン

بنطلون

ジーンズ

جينز

スカート

تنورة

ブラウス

بلوزة

シャツ

قميص

セーター

سترة قطنية

パーカー

كنزة كم طويل

ブレザー

سترة فضفاضة

ジャケット

سترة

コート

معطف

レインコート

معطف مطري

服装

زي - طقم نسائي

ドレス

ثوب

ウェディングドレス

ثوب الزفاف

スーツ

طقم

ナイトガウン

قميص نوم

パジャマ

بيجاما

サリー

ساري

ヘッドスカーフ

حجاب

ターバン

عمامة

ブルカ

برقع

カフタン

قفطان

アバヤ

عباءة

水着

مايوه

トランクス

سروال سباحة

半ズボン

شرت

スウェットスーツ

بدلة رياضية

エプロン

مئزر

手袋

قفازات

ボタン

زر

メガネ

نظّارة

ブレスレット

إسوارة

ネックレス

عقد

指輪

خاتم

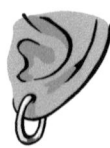

イヤリング

قرط

帽子

طاقيّة

ハンガー

علاقة ثياب

帽子

قبّعة

ネクタイ

ربطة العنق

ファスナー

سحّاب

ヘルメット

خوذة

サスペンダー

حمّالة البنطلون

制服

اللباس المدرسي

ユニフォーム

زي موحّد

よだれかけ

مريلة الأطفال

おしゃぶり

مصّاصة

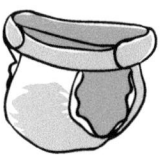

おむつ

لفافة

オフィス

مكتب

サーバ
المختّم
書類キャビネット
خزانة الملفات
プリンター
طابعة
紙
ورقة
モニター
شاشة
فارة
事務机
طاولة المكتب
フォルダー
ملف
キーボード
لوحة المفاتيح
椅子
كرسي
ごみ箱
コンピューター
حاسوب

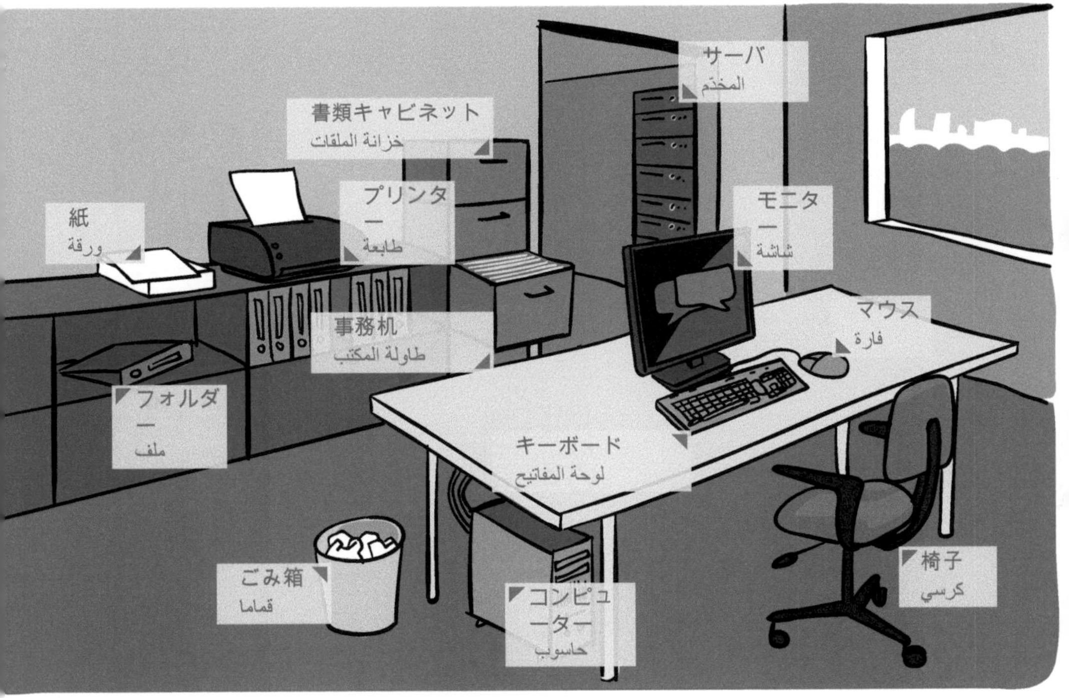

コーヒーマグ

كأس من القهوة

計算機

الآلة الحاسبة

インターネット

الإنترنت

ラップトップ

الحاسوب المحمول

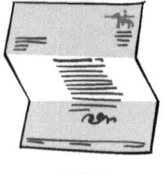

手紙

رسالة

メッセージ

خبر

携帯電話

الهاتف المحمول

ネットワーク

شبكة

コピー機

جهاز تصوير

ソフトウェア

البرمجيات

電話

هاتف

コンセント

مقبس كهربائي

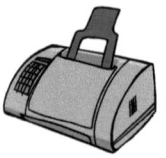

ファックス

فاكس

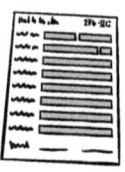

フォーム

استمارة

書類

وثيقة

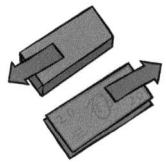

経済

اقتصاد

買う

يشتري

支払う

يدفع

取引する

يتاجر

お金

مال

ドル

دولار

ユーロ

يورو

円

ين

ルーブル

روبل

スイスフラン

فرنك سويسري

人民元

يوان

ルピー

روبية

キャッシュポイント

صرّاف آلي

両替所

مكتب صرافة

金

ذهب

銀

فضة

油

نفط

エネルギー

طاقة

価格

سعر

契約

عقد

税金

ضريبة

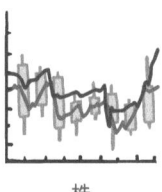

株

سهم

働く

يعمل

従業員

موظف

雇用主

رب العمل

工場

مصنع

ショップ

متجر

職業

المِهَن

警察官
الشرطي
消防士
رجل إطفاء
コック
طبّاخ
医師
الطبيب
パイロット
طيّار

庭師

بستاني

大工

نجّار

お針子

خيّاطة

裁判官

قاضٍ

化学者

كيميائي

俳優

ممثّل

バスの運転手

سائق حافلة

タクシー運転手

سائق تاكسي

漁師

صياد سمك

掃除婦

أجيرة للتنظيف

屋根ふき職人

بنّاء سقف

ウェイター

نادل

ハンター

صيّاد

塗装工

رسّام

パン屋

خباز

電気工

كهربائي

建設作業員

عامل بناء

エンジニア

مهندس

肉屋

لحّام

配管工

سمكري

郵便配達人

ساعي البريد

軍人

جندي

建築家

مهندس معماري

レジ係

أمين صندوق

花屋

بائع الزهور

美容師

حلاق

車掌

مراقب القطار

機械工

ميكانيكي

キャプテン

قبطان

歯科医

طبيب أسنان

科学者

رجل العلم

ラビ

حاخام

イスラム導師

إمام

修道士

راهب

牧師

كاهن

道具

عدة عمل

ハンマー
مطرقة
くぎ抜き
كمّاشة
ドライバー
مفك البراغي
スパナ
مفتاح ربط
懐中電灯
مصباح يد

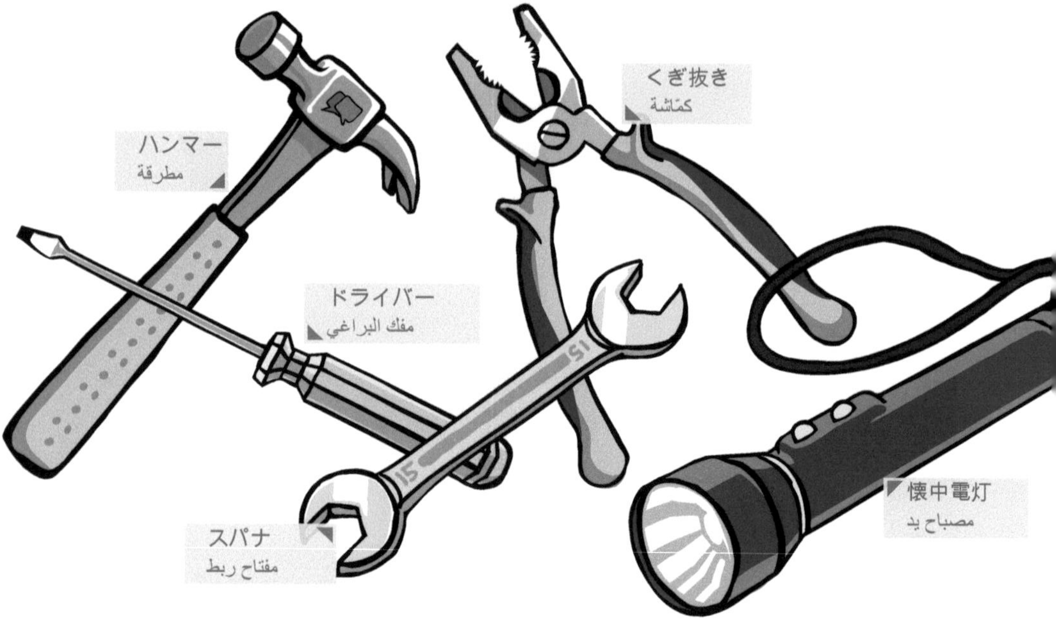

掘削機

جرافة

道具箱

صندوق العدة

はしご

سلّم

のこぎり

منشار

釘

مسامير

ドリル

مثقب

修理する
....
يصلح

シャベル
....
مجرفة

クソ！
....
اللعنة

ちりとり
....
لقاطة الكناسة

ペンキ缶
....
سطل الألوان

ネジ
....
براغي

楽器
آلات موسيقية

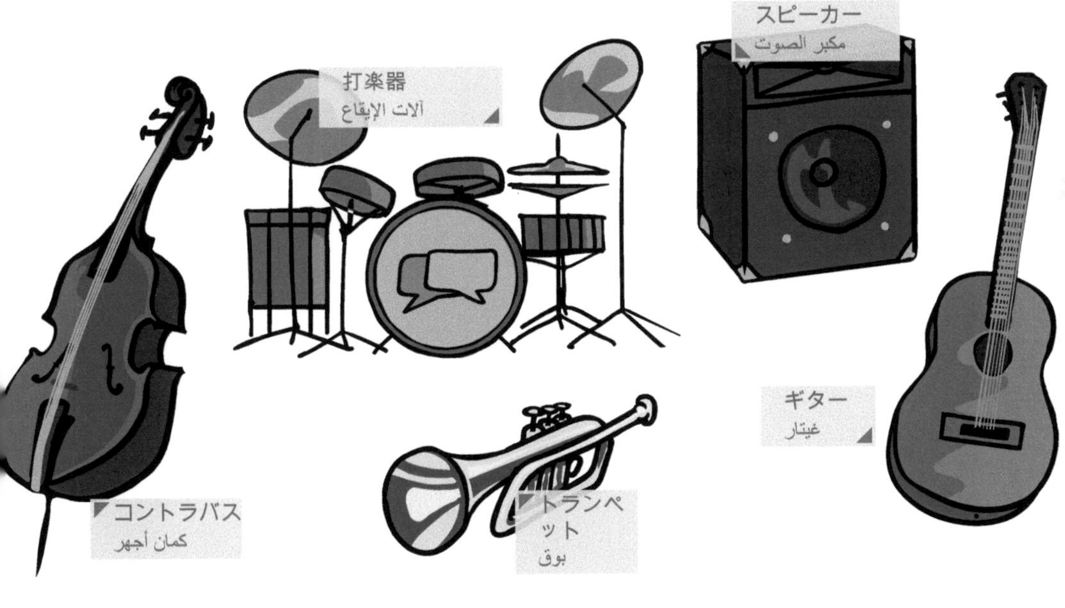

スピーカー
مكبر الصوت

打楽器
آلات الإيقاع

ギター
غيتار

▼コントラバス
كمان أجهر

トランペット
بوق

ピアノ

بيانو

バイオリン

كمنجة

バス

جهير

ティンパニ

طبل كبير

ドラム

طبل

キーボード

بيانو كهربائي

サックス

ساكسوفون

フルート

ناي

マイクロフォン

ميكروفون

動物園

حديقة حيوانات

入口
مدخل
虎
نمر
おり
قفص
シマウマ
حمار الوحش
飼料
علف للحيوانات
パンダ
دب باندا

動物

حيوانات

象

فيل

カンガルー

كنغر

サイ

وحيد القرن

ゴリラ

غوريلا

熊

دب

ラクダ

جمل

ダチョウ

نعامة

ライオン

أسد

猿

قرد

フラミンゴ

طائر فلامينغو

オウム

ببغاء

白クマ

دب قطبي

ペンギン

بطريق

サメ

سمك القرش

クジャク

طاووس

蛇

أفعى

ワニ

تمساح

飼育係

حارس في حديقة الحيوان

アザラシ

عجل البحر

ジャガー

نمر أمريكي مرقط

ポニー

فرس قزم

ヒョウ

نمر

カバ

فرس النهر

キリン

زرافة

鷲

نسر

雄豚

خنزير برّي

魚

سمك

亀

سلحفاة

セイウチ

حيوان فظ البحري

狐

ثعلب

ガゼル

غزال

スポーツ
رياضة

アメフト
كرة القدم الأمريكية
サイクリング
ركوب الدراجات
كرة التنس
バスケットボール
كرة السلة
水泳
السباحة
アイスホッケー
هوكي الجليد
ボクシング
الملاكمة

サッカー

كرة القدم

バドミントン

الريشة الطائرة

陸上競技

ألعاب القوى الخفيفة

ハンドボール

كرة اليد

スキー

التزلج على الثلج

ポロ

بولو

活動

نشاطات

跳ぶ
يقفز
抱きしめる
يعانق
笑う
يضحك
歩く
يمشي
歌う
يغنّي
夢見る
يحلم
祈る
يصلّي
キス
يقبل

書く

يكتب

描く

يرسم

示す

يُري

押す

يدفع

与える

يعطي

取る

يأخذ

持っている

يملك

する

يعمل

ある

يوجد

立つ

يقف

走る

يركض

引く

يسحب

投げる

يرمي

落ちる

يقع

横たわっている

يستلقي

待つ

ينتظر

運ぶ

يحمل

座る

يجلس

着る

يلبس

眠る

ينام

目が覚める

يستيقظ

見る

ينظر إلى ..

泣く

يبكي

なでる

يمسّد

櫛ですく

يمشّط

話す

يتكلم

理解する

يفهم

質問する

يسأل

聞く

يسمع

飲む

يشرب

食べる

يأكل

片づける

يرتب

愛する

يحب

料理する

يطبخ

運転する

يقود

飛ぶ

يطير

ヨットに乗る

يبحر بزورق شراعي

計算する

يحسب

読む

يقرأ

学ぶ

يتعلم

働く

يعمل

結婚する

يتزوج

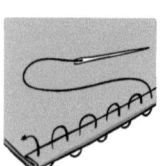

縫う

يخيط

歯を磨く

ينظف أسنانه

殺す

يقتل

喫煙する

يدخّن

送る

يرسل

祖母
جدّة
祖父
جدّ
父
أب
母
أم
赤ん坊
الطفل
娘
ابنة
息子
ابن

お客様

ضيف

おば

عمّة / خالة

おじ

عمّ / خال

兄弟

أخ

姉妹

أخت

体

الجسم

ひたい
الجبين
目
العين
肩
الكتف
指
الإصبع
顔
الوجه
あご
الذقن
手
اليد
胸
الصدر
脚
الساق
腕
الذراع

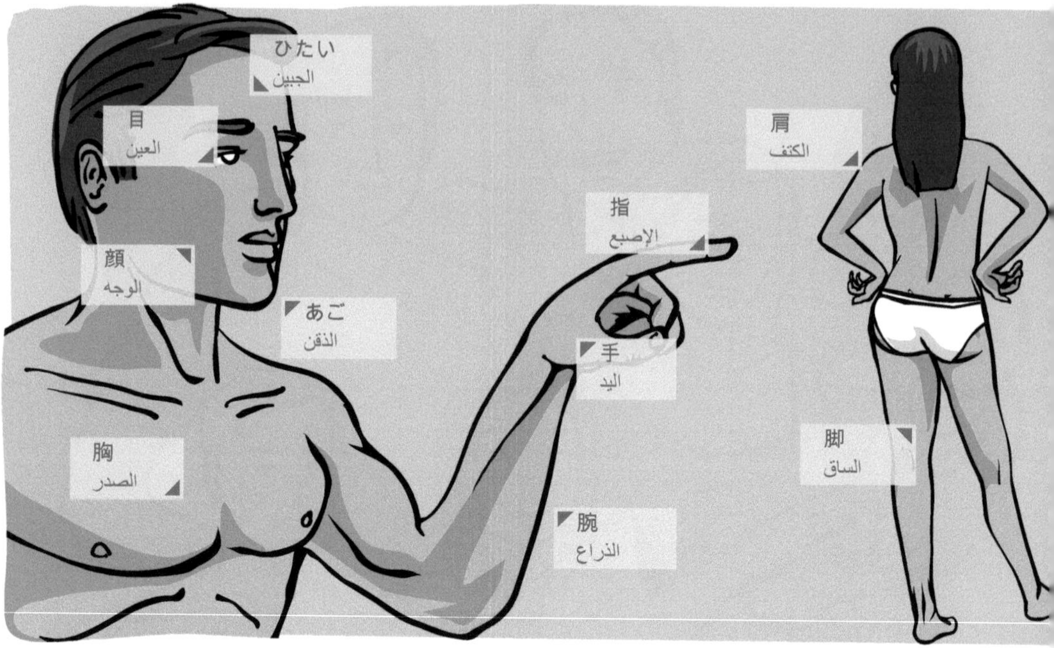

赤ん坊

الطفل

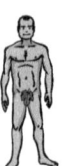

男性

الرجل

女性

المرأة

少女

البنت

少年

الولد

頭

الرأس

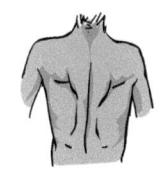

背中

الظهر

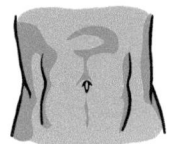

腹

البطن

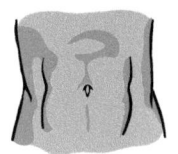

へそ

السرّة

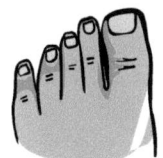

足指

إصبع القدم

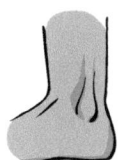

かかと

الكعب

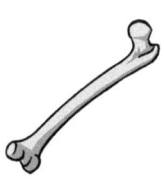

骨

العظم

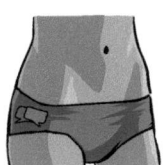

腰

الورك

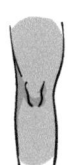

ひざ

الركبة

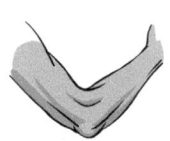

ひじ

المِرفق

鼻

الأنف

尻

العَجُز

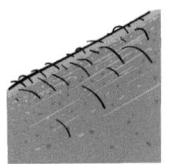

皮膚

البشرة

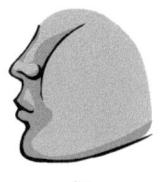

頬

الخد

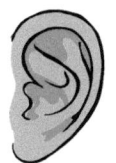

耳

الأذن

唇

الشفة

口

الفم

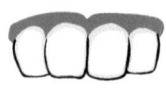

歯

السن

舌

اللسان

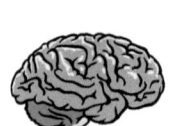

脳

الدماغ

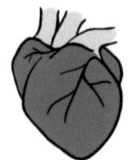

心臓

القلب

筋肉

العضلة

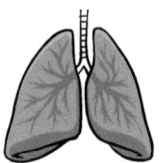

肺

الرئة

肝臓

الكبد

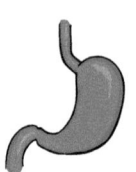

胃

المعدة

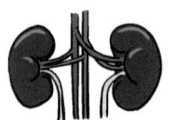

腎臓

الكِلى

セックス

الاتصال الجنسي

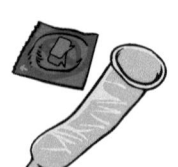

コンドーム

الواقي المطاطي

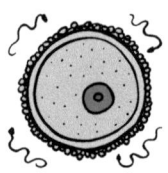

卵細胞

البويضة

精液

المنيّ

妊娠

الحمل

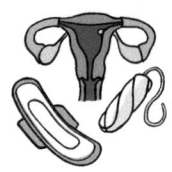

月経
....
الحيض

膣
....
المهبل

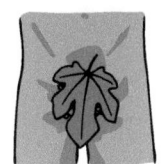

ペニス
....
القضيب

眉
....
الحاجب

髪
....
الشعر

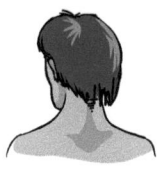

首
....
الرقبة

病院
المستشفى

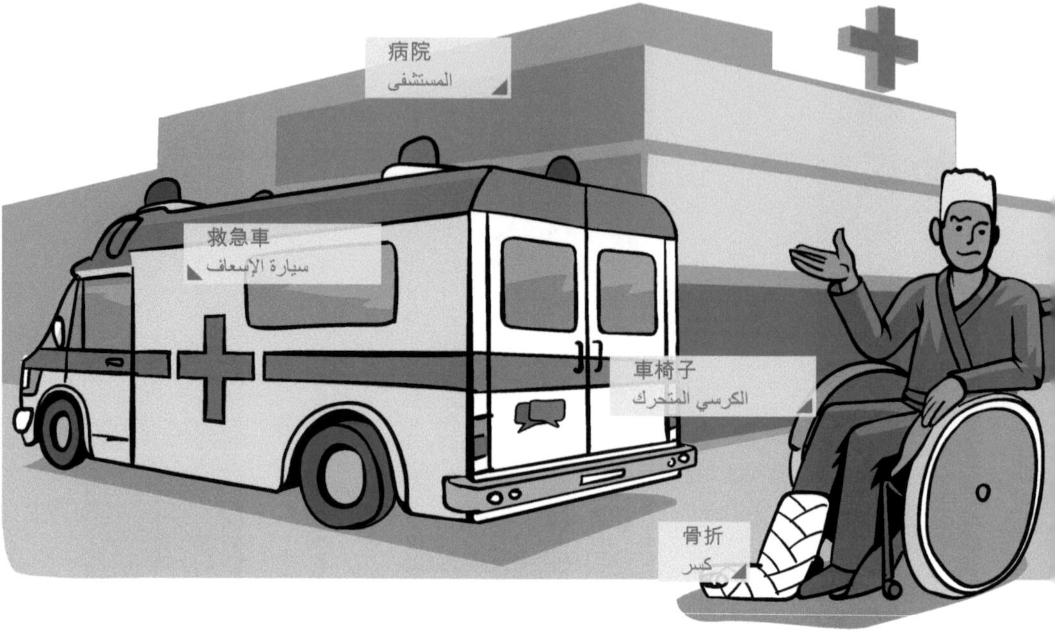

病院
المستشفى
救急車
سيارة الإسعاف
車椅子
الكرسي المتحرك
骨折
كسر

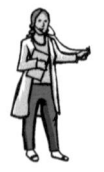

医師

الطبيب

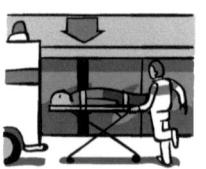

救急治療室

غرفة الإسعاف

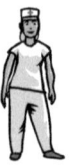

看護師

الممرضة

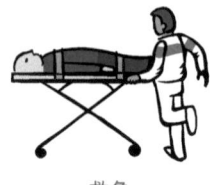

救急

حالة

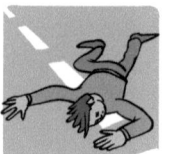

失神

مغمى عليه

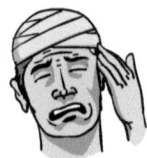

痛み

الألم

けが

إصابة

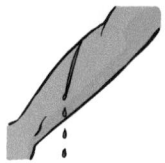

出血

النزيف

心臓発作

احتشاء القلب

脳卒中

جلطة

アレルギー

حسسية

咳

السعال

熱

الحُمّى

インフルエンザ

إنفلونزا

下痢

الإسهال

頭痛

وجع الرأس

癌

السرطان

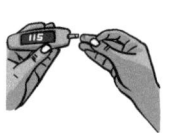

糖尿病

مرض السكر

外科医

جرّاح

外科用メス

مبضع

手術

عملية

CT

سيتي سكان

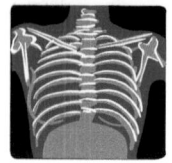

レントゲン

الأشعة السينية

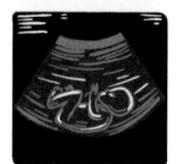

超音波

فوق الصوتي

マスク

القناع

病気

المرض

待合室

غرفة الانتظار

松葉づえ

العُكاز

ばんそうこう

شريط لاصق

包帯

ضماد

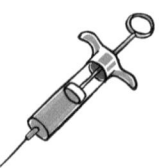

注射

حقنة

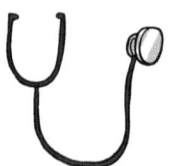

聴診器

سمّاعة الطبيب

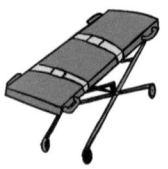

担架

نقالة

体温計

ميزان حرارة

出産

ولادة

肥満

وزن زائد

補聴器

جهاز السمع

消毒剤

المواد المعقمة

感染

عدوى

ウイルス

فيروس

HIV / エイズ

الإيدز

内服薬

الطب

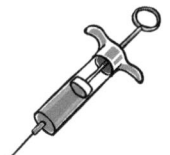

予防接種

اللقاح

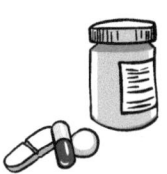

錠剤

أقراص الدواء

ピル

حبّة الدواء

緊急電話

نداء النجدة

血圧計

مقياس ضغط الدم

病気の　/　健康な

مريض / صحيح

救急
حالة

助けて！

النجدة!

アラーム

إنذار

暴行

اعتداء

攻撃

هجوم

危険

خطر

非常口

مخرج طوارئ

火事だ！

حريق!

消火器

جهاز الإطفاء

事故

حادث

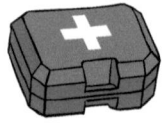

救急箱

حقيبة الإسعاف الأولي

SOS

أنقذونا

警察

الشرطة

地球

أرض

ヨーロッパ

أوروبا

北米

أمريكا الشمالية

南米

أمريكا الجنوبية

アフリカ

أفريقيا

アジア

آسيا

オーストラリア

أستراليا

大西洋

المحيط الأطلسي

太平洋

المحيط الهادي

インド洋

المحيط الهندي

南極海

المحيط المتجمد الجنوبي

北極海

المحيط المتجمد الشمالي

北極

القطب الشمالي

南極
القطب الجنوبي

南極大陸
منطقة القطب الجنوبي

地球
أرض

陸
بر

海
بحر

島
جزيرة

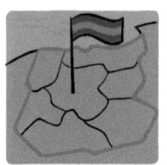

国家
أمة

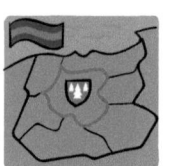

国家
دولة

文字盤
ميناء الساعة

短針
عقرب الساعات

長針
عقرب الدقائق

秒針
عقرب الثواني

何時ですか？
كم الساعة الآن؟

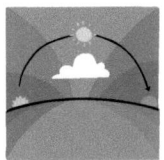

日
يوم

時間
زمن

現在
الآن

デジタル時計
ساعة رقمية

分
دقيقة

時間
ساعة

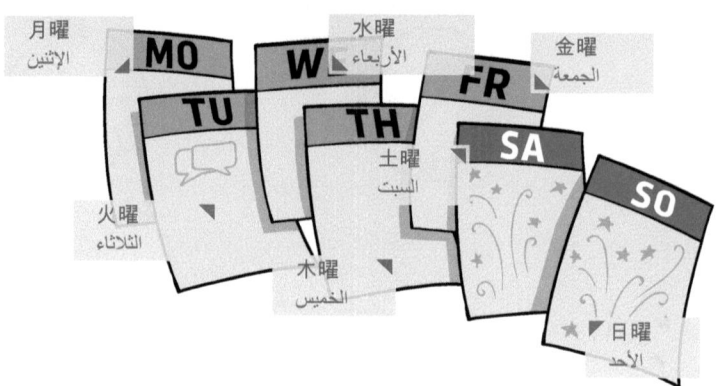

週

أسبوع

月曜
الإثنين
火曜
الثلاثاء
水曜
الأربعاء
木曜
الخميس
金曜
الجمعة
土曜
السبت
日曜
الأحد

昨日

الأمس

今日

اليوم

明日

غداً

朝

الصباح

昼

الظهر

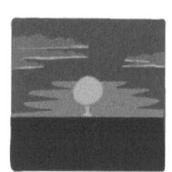

夜

المساء

営業日

أيام العمل

週末

نهاية الأسبوع

虹
قوس قزح
雨
مطر
雪
ثلج
風
ريح
春
الربيع
秋
الخريف
夏
الصيف
冬
الشتاء

4.APRIL 11°
5.APRIL 4°
6.APRIL 13°
7.APRIL 8°
8.APRIL 10°

天気予報

التنبؤ بالحالة الجوية

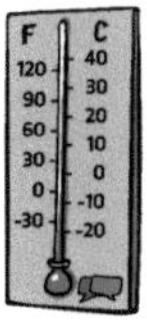

温度計

مقياس حرارة

日差し

ضوء الشمس

雲

سحابة

霧

ضباب

湿度

رطوبة الجو

雷
....
برق

雷
....
رعد

嵐
....
عاصفة

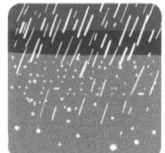

ひょう
....
بَرَد

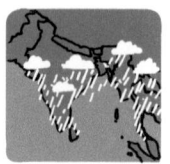

季節風
....
ريح موسمية

洪水
....
طوفان

氷
....
جليد

1月
....
كانون الثاني / يناير

2月
....
شباط / فبراير

3月
....
آذار / مارس

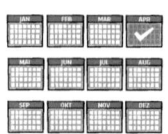

4月
....
نيسان / أبريل

5月
....
أيار / مايو

6月
....
حزيران / يونيو

7月
....
تموز / يوليو

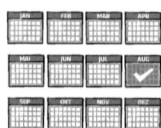

8月
....
آب / أغسطس

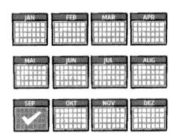

9月

أيلول / سبتمبر

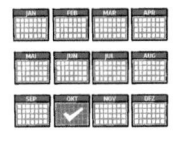

10月

تشرين الأول / أكتوبر

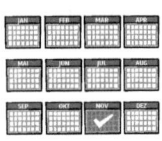

11月

تشرين الثاني / نوفمبر

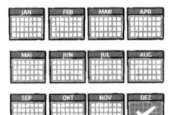

12月

كانون الأول / ديسمبر

形

أشكال

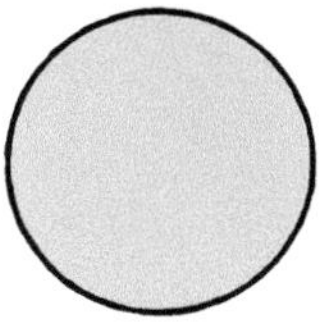

円

دائرة

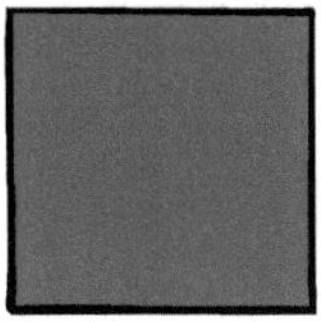

正方形

مربّع

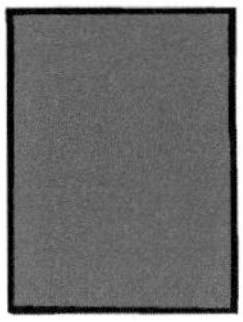

長方形

مستطيل

三角

مثلث

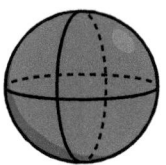

球

كرة

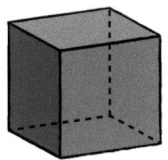

立方体

مكعب

色

ألوان

白

أبيض

黄

أصفر

オレンジ

برتقالي

ピンク

وردي

赤

أحمر

紫

بنفسجي

青

أزرق

緑

أخضر

茶

بنّي

灰色

رمادي

黒

أسود

反対

الأضداد

多い / 少ない

كثير / قليل

怒っている /
落ち着いている

غضبان / هادئ

美しい / 醜い

جميل / قبيح

初め / 終わり

بداية / نهاية

大きい / 小さい

كبير / صغير

明るい / 暗い

فاتح / قاتم

兄弟 / 姉妹

أخ / أخت

清潔な / 汚い

نظيف / وسخ

完全な / 不完全な

كامل / ناقص

日中 / 夜

نهار / ليل

死んだ / 生きている

ميت / حيّ

幅広い / 狭い

عريض / ضيّق

食べられる / 食べられない
صالح للأكل / غير صالح

悪意のある / 親切な
شرّير / لطيف

興奮している / 退屈している
مثير / ممل

太った / 痩せた
سمين / نحيف

最初に / 最後に
أولاً / أخيراً

友人 / 敵
صديق / عدو

いっぱいの / 空の
مليء / فارغ

硬い / 柔らかい
صلب / ليّن

重い / 軽い
ثقيل / خفيف

空腹 / 喉の渇き
جوع / عطش

病気の / 健康な
مريض / صحيح

違法な / 合法な
غير شرعي / شرعي

賢い / 愚かな
ذكي / غبي

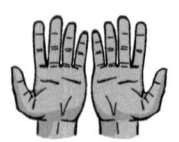

左に / 右に
يسار / يمين

近い / 遠い
قريب / بعيد

新しい / 中古の
جديد / مستعمل

何もない / 何かある
لا شيء / بعض الشيء

老いた / 若い
مسن / شاب

オン / オフ
يشعل / يطفئ

開いている / 閉まっている
مفتوح / مغلق

静かな / うるさい
خافت / عالٍ

裕福な / 貧乏な
غني / فقير

正しい / 間違っている
صح / خطأ

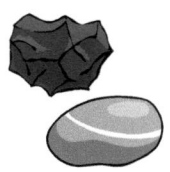

粗い / なめらか
أحرش / املس

悲しい / 幸せな
حزين / سعيد

短い / 長い
قصير / طويل

ゆっくり / 速い
بطيء / سريع

濡れた / 乾いた
مبلول / جاف

温かい / 冷たい
ساخن / بارد

戦争 / 平和
حرب / سلم

数

أرقام

0

ゼロ

صفر

1

1

واحد

2

2

اثنان

3

3

ثلاثة

4

4

أربعة

5

5

خمسة

6

6

ستة

7

7

سبعة

8

8

ثمانية

9

9

تسعة

10

10

عشرة

11

11

أحد عشر

12

12

اثنا عشر

13

13

ثلاثة عشر

14

14

أربعة عشر

15

15

خمسة عشر

16

16

ستة عشر

17

17

سبعة عشر

18

18

ثمانية عشر

19

19

تسعة عشر

20

20

عشرون

100

100

مائة

1.000

1000

ألف

1.000.000

100万

مليون

言語

اللغات

英語

الإنكليزية

アメリカ英語

الإنكليزية الأمريكية

中国標準語

لغة ماندارين الصينية

ヒンディー語

الهندية

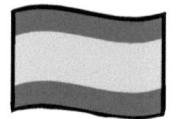

スペイン語

الإسبانية

フランス語

الفرنسية

アラビア語

العربية

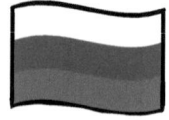

ロシア語

الروسية

ポルトガル語

البرتغالية

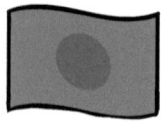

ベンガル語

البنغالية

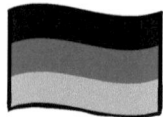

ドイツ語

الألمانية

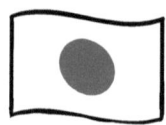

日本語

اليابانية

誰 / 何 / どう
من / ماذا / كيف

私

أنا

あなた

أنت

彼 / 彼女 / それ

هو / هي

私たち

نحن

あなたたち

أنتم

彼ら

هم

誰？

من؟

何？

ماذا؟

どうやって？

كيف؟

どこ？

أين؟

いつ？

متى؟

名前

اسم

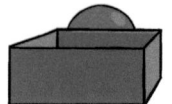

どこ
أين

後ろ

خلف

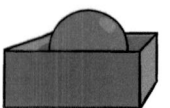

中

في

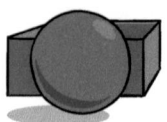

前

أمام

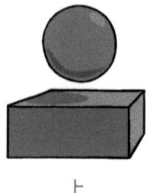

上

فوق

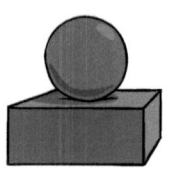

上

على

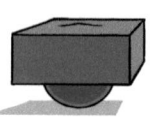

下

تحت

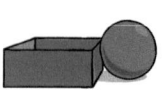

横

جنب

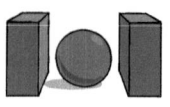

間

بين

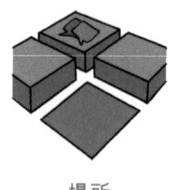

場所

مكان